* 이 책은 손성은 정신건강의학과 의사 선생님이
중독 증상으로 고통받는 사람들을 치료한 경험을 바탕으로 만들었습니다.

안전 생활 지침서

중독

손성은 글
지현이 그림

안녕하세요.
저는 '일상이'라고
해요.

다림

우리에게 기쁨과 행복을 주는 활동도
지나치면 병이 되거나
중독을 일으킬 수 있어요.

게임　　　성형　　　담배

관계　　다이어트　　빵　　초콜릿

설탕　　　성　　스마트폰　　게임　　도박

알코올　　인터넷

이 단어들은 중독을 일으키는 것들이에요.
우리를 중독에 빠지게 하는 것들이 정말 많지요?
하지만 걱정 마세요.
중독은 충분히 예방할 수 있거든요.

중독이란?

몸과 마음의 건강을 해치고, 일이나 공부에 집중하기 어렵게 만들면서,
사람들 사이의 관계를 해칠 정도로
지나치게 무언가를 많이 하는 것을 '중독'이라고 해요.

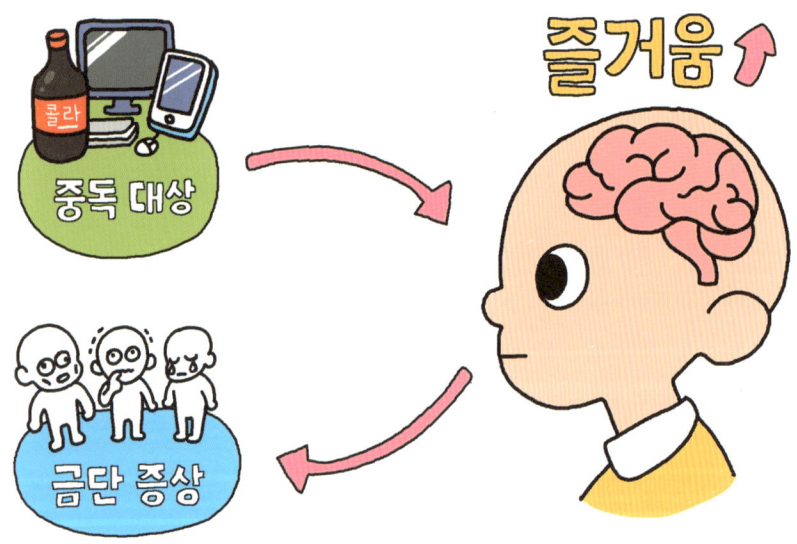

중독에 빠져드는 것은 중독 뇌 회로 때문이에요.
중독 행동을 반복하게 되면 중독 관련 뇌 회로가 강화돼요.
그러면 중독 대상을 더 갈망하게 되고, 중독 행동을 멈추면 금단 증상이 생기지요.
반사적으로 중독 회로가 돌면서 중독 행동을 반복하게 되니까
그만두겠다는 생각만으로 중독 행동을 조절하는 건 어려워요.

중독 증상

중독이 되면 다음과 같은 현상이 일어나요.

- **내성**

중독 행동은 일시적으로 쾌감을 줘요. 하지만 중독 행동에 익숙해지면 점점 쾌감은 줄어들지요. 내성이란 중독 행동을 더 자주, 많이 해야 같은 양의 쾌감을 얻을 수 있게 되는 상태랍니다.

- **금단 증상**

중독 행동을 갑자기 중단하거나 적게 할 때 생기는 몸과 마음의 반응이에요. 몸이 아프거나 몹시 불안해지고 잠을 제대로 자지 못하는 증상이 대표적이에요.

- **스스로 조절 어려움**

중독 행동을 내성과 금단 증상이 생길 정도로 계속하게 되고, 그만둬야겠다고 생각해도, 중독 행동을 멈추기가 힘들어요.

중독의 무서움

중독이 되면 중독 회로가 시키는 대로만 행동하게 되어요.
마치 시키는 대로 하는 노예처럼요.
게임 중독을 예로 들어서 중독이 얼마나 무서운지 한번 살펴볼까요?

정신적 변화

- 머릿속이 게임 생각만으로 가득 차고, 다른 활동에는 집중하기 힘들어요.

- 충분히 생각하지 않고 충동적인 행동을 하기 쉬워요.

- 게임을 안 하면 심심해서 좀이 쑤시고 짜증이 나고 지루함을 참기 힘들어요.

- 게임을 못 하거나 방해를 받으면 감정 조절이 안 되고 쉽게 화를 내요.

- 잠자는 시간, 먹는 시간 등 꼭 필요한 시간을 줄이거나 거짓말을 하면서까지 게임을 해요.

- 게임하는 시간을 스스로 조절할 수 없기 때문에 자존감이 점점 낮아지고, 불안감, 우울감이 생겨요.

신체적 변화

- 운동, 신체 놀이, 가족과의 대화 등 다른 건강한 활동을 할 시간이 줄어들기 때문에 게을러지고 몸이 약해져요.

- 잠이 부족해지고 집중력이 떨어질 뿐만 아니라 몸도 찌뿌둥해져요.

사회적 변화

- 일상적 생활이 흐트러지므로 사람들과의 관계가 나빠져요.

- 해야 할 일을 할 시간까지 게임을 하므로 부모님과 선생님을 실망시킬 수 있어요.

- 도박, 마약 같은 더 심한 중독이나 게임 사기, 불법 거래 등 나쁜 범죄로 이어지기 쉬워요.

중독 예방하기

처음부터 자기가 중독에 빠질 거라고 생각하는 사람은 아무도 없어요.
나는 아닐 거라고 방심하다 어느새 중독에 빠지게 되지요.
'나도 중독에 빠질 수 있음'을 명심하고, 항상 조심해야 해요.

- 일단 중독이 되면 치료가 어렵기 때문에 평소에 올바른 습관을 갖는 것이 가장 중요해요.

- 불안하고 우울한 마음은 '중독'을 불러오기도 해요. 먼저 마음의 문제를 해결해요.

- 중독이 무엇이고 어떻게 하면 중독에 빠지지 않을까 공부하는 것도 도움이 돼요.

중독의 종류

중독에는 어떤 것들이 있으며, 중독에 빠지면 어떤 문제가 일어나는지 알아봐요.

알코올(술) 중독

알코올은 우리 몸 여러 장기에 질병을 일으켜요.
특히, 뇌와 척수에 해당하는 중추 신경계와 중추 신경에서
온몸으로 뻗어 나가는 말초 신경계에 큰 영향을 줘요.

알코올이 일으키는 질병

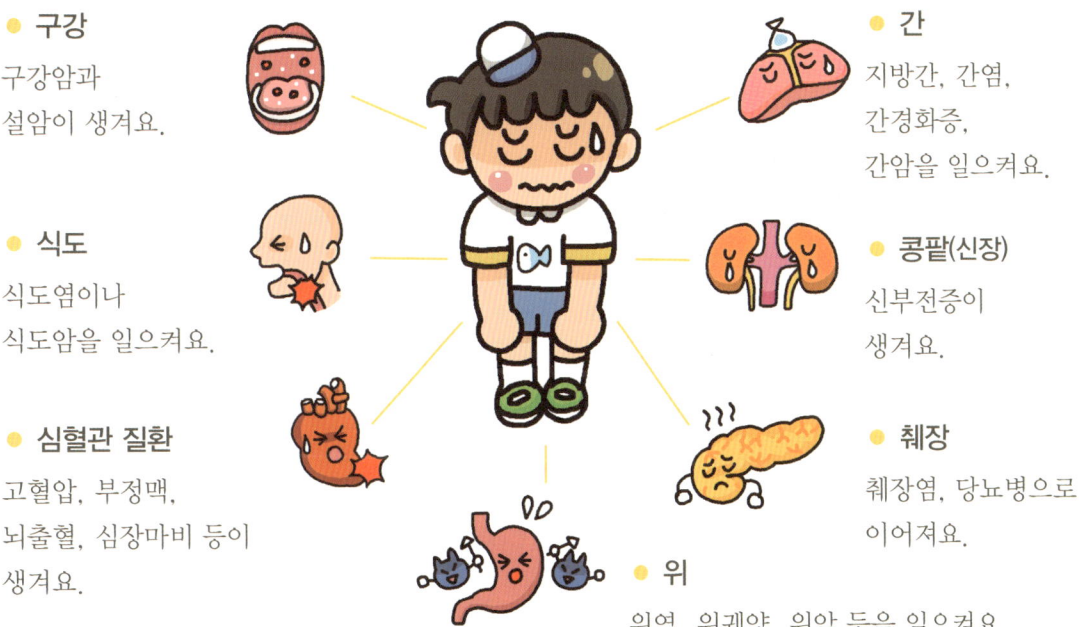

- **구강**
  구강암과 설암이 생겨요.

- **식도**
  식도염이나 식도암을 일으켜요.

- **심혈관 질환**
  고혈압, 부정맥, 뇌출혈, 심장마비 등이 생겨요.

- **간**
  지방간, 간염, 간경화증, 간암을 일으켜요.

- **콩팥(신장)**
  신부전증이 생겨요.

- **췌장**
  췌장염, 당뇨병으로 이어져요.

- **위**
  위염, 위궤양, 위암 등을 일으켜요.

알코올이 가져오는 신경계 변화

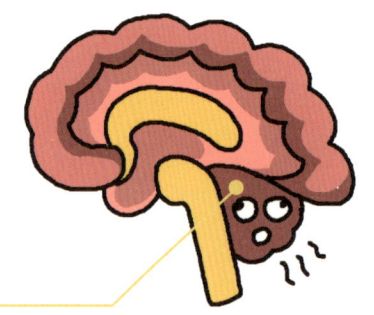

● 소뇌

알코올 중독은 소뇌에 작용해 균형 감각을 잃게 해요. 발음이 어눌해지거나, 몸이 떨리고 걸음걸이가 이상해지고, 소뇌 위축증으로 이어질 수 있어요.

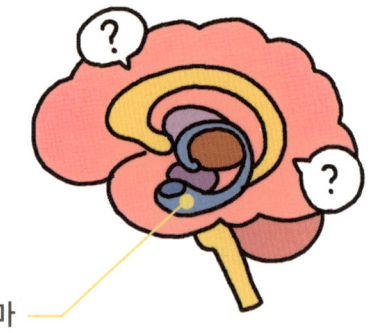

● 해마

알코올은 기억을 담당하는 해마에도 영향을 끼쳐요. 술을 마신 뒤 기억이 사라지는 블랙아웃이나, 건망증 증후군 등이 생겨요.

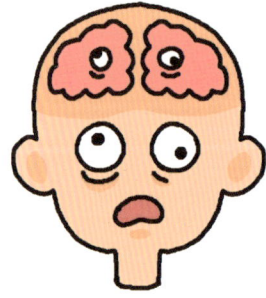

● 뇌 전체

알코올은 뇌 전체에 작용해 기억력과 판단력을 감소시키고 알코올성 치매를 일으켜요.

● 팔다리

알코올 중독은 말초 신경 마비, 신경통, 말초 신경염도 생기게 해요.

알코올 중독 치료 방법

● **심리 치료**

자꾸 술을 마시게 되는 마음의 문제에 대해 상담해요. 현실 도피, 술 권유를 이겨 내지 못하는 의존적인 성격, 우울감이나 불안감 등을 털어놓고 도움을 받아요. 마음이 편해지는 방법을 배우면 알코올 문제도 좋아져요.

● **약물 치료**

술을 먹고 싶다는 욕구를 줄이는 치료제나, 술을 먹으면 고통을 느끼게 해서 술을 끊게 하는 치료제, 중독 효과를 대체해 주는 치료제로 도움을 받을 수 있어요.

● **입원 치료**

도저히 술을 끊지 못해서, 혹은 금단 증상으로 건강이 더 나빠질 가능성이 있거나, 자해나 범죄의 위험이 있을 때에는 입원 치료를 받는 것이 좋아요.

● **그 밖의 방법**

알코올 중독자 치료 모임에 참석해요. 같은 중독 상황에 있는 사람들과 서로의 경험을 나누는 활동도 술을 끊는 데에 도움이 돼요. 대표적인 모임으로 '익명의 알코올중독자들 (www.aakorea.org)' 모임이 있어요.

어린이·청소년에게 더 해로운 알코올

- 어릴 때부터 술을 먹게 되면 만성 알코올 중독자가 되기 쉽고, 신체 건강이 더 크게 악화되어요.

- 술은 기억력, 주의력, 판단력 등 인지 능력에 지장을 주어요.

- 뇌 발달이 완전하지 않아서 술을 마시면 성인보다 훨씬 감정 조절이 힘들어요.

- 절제력을 담당하는 전두엽 발달이 완전하지 않아 성인에 비해 과음과 폭음의 가능성이 높아요.

- 성인에 비해 대사 능력이 떨어져 적은 양의 알코올도 신체에 악영향을 미칠 수 있어요.

- 알코올은 성장 호르몬을 억제해 성장에 방해가 되어요.

- 음주 경험이 부족해서 자신의 적정 주량을 잘 알지 못해 심할 경우 급성 알코올 중독으로 사망할 수 있어요.

니코틴 중독

담배를 피우는 건 한꺼번에 미세 먼지를 많이 마시는 것과 같아요. 담배의 연기 속 니코틴 성분은 기분을 좋게 만드는 신경 전달 물질인 '도파민'을 나오게 해요. 하지만 담배를 피우지 않아 혈중 니코틴 농도가 떨어지면 금단 증상이 생겨서 또 담배를 찾게 되지요.

4,000종이 넘는 담배 속 유해 성분

● **니코틴**
발암 물질이며, 중독성이 강해요.
신경 마비 및 사망의 위험이 있어요.

● **암모니아**
세척제로 사용돼요.
호흡기를 자극하는 물질이에요.

● **타르**
치아를 노랗게 만들고 폐암을 일으키는 발암 물질이에요.

● **부탄**
불을 붙이는 점화액으로 사용돼요.

● **비소**
개미 살충제에 사용돼요.

● **카드뮴**
중금속이에요.
재충전 배터리에 사용돼요.

● **일산화탄소**
유해 가스예요.
노출되면 저산소증으로 뇌 기능이 약해지고 기억력이 떨어져요.

● **포름알데히드**
시체 방부제로 사용돼요.

● **메탄올**
제트기의 연료로 사용돼요.

담배가 유발하는 치명적 질병

- **백내장**
  담배를 피우면 백내장이 생겨서 눈이 잘 안 보이게 돼요.

- **뇌졸중**
  뇌혈관이 막혀서 뇌졸중(뇌경색·뇌출혈)에 걸릴 수 있어요.

- **폐암**
  폐암의 주된 원인은 흡연이에요. 기침과 가래, 각혈, 호흡 곤란을 겪게 되어요.

- **후두암**
  담배 연기가 후두와 식도에 닿으면 암이 생기기 쉬워요.

- **방광암**
  방광 안에 발암 물질이 쌓이면서 소변에 피가 섞여 나오는 증상이 생길 수 있어요.

- **버거씨 병**
  담배를 피우면 혈액 순환이 안 되서 손발이 괴사해 절단할 수도 있는 버거씨 병에 걸리기 쉬워요.

금연 도움을 받을 수 있는 곳
- 청소년금연짱 www.nosmoke.or.kr
- 금연길라잡이 1544-9030 www.nosmokeguide.go.kr

- 중이염에 잘 걸리고 소리가 잘 안 들려요.

- 머리가 맑지 않고 아파요.

- 담배를 끊으려 해도 금단 증상으로 집중력이 떨어져요.

- 뇌가 손상되고 기억력이 떨어져요.

마약 중독

마약에는 중추 신경 억제제인 모르핀과 헤로인부터, 중추 신경 흥분제인 코카인, 합성 마약인 엑스터시, LSD, 메스암페타민(필로폰) 그리고 대마초, 해시시에 이르기까지 수많은 종류가 있어요.
마약 사용은 다음과 같은 문제들을 일으켜요.

● 정신적 문제

마약에 중독되면 정신 착란, 과대망상 등의 정신 이상이 생길 수 있어요. 기억력, 의사 결정 능력, 언어 능력이 떨어지고, 마약이 주는 강력한 쾌락에만 집착하게 되어 일상생활에서의 작은 기쁨을 느끼지 못하게 되지요. 마약에 의존해서 현실 도피를 하기 때문에 실제 상황에 닥친 어려운 일을 헤쳐 나갈 힘이 길러지지 않아요.

● 사회적 문제

마약을 사는 것 자체가 범죄를 저지르는 것이에요. 마약 사용은 법으로 금지되어 있는 범죄 행위로, 마약을 사용하는 것뿐만 아니라 마약을 잠시 가지고 있어도 처벌받을 수 있어요. 마약을 사기 위해 다른 사람의 돈을 훔치는 경우도 있어요.

● 신체적 문제

마약 성분이나, 마약 속에 섞인 물질 때문에 쇼크를 일으킬 수 있어요. 뇌 손상, 심장 마비는 물론이고 심하면 사망에 이를 수 있지요. 또, 한 개의 주사기를 여러 명이 돌려 쓰거나 주사기를 재사용해 에이즈나 간염에 걸릴 위험이 있어요.

마약 신고

● 마약 사용은 불법이에요.
  마약 사용이 의심되는 사람이 있다면
  여기로 신고하세요.
  － 검찰청 : 국번 없이 1301
  － 경찰청 : 국번 없이 112
  － 관세청 : 국번 없이 125

카페인 중독

카페인은 커피나 콜라, 녹차, 홍차, 코코아, 에너지 음료 속에 많이 들어 있어요.
그런데 카페인을 많이 먹으면 왜 문제가 될까요?

카페인 중독의 위험성

- 카페인을 많이 먹으면 밤에 잠이 안 와요.

- 식욕 부진, 메스꺼움을 느끼고 소화가 잘 안 되어요.

- 위 점막이 손상되고 위장 장애가 생길 수 있어요.

- 심장이 빨리 뛰고 혈압이 올라가고 동맥 경화증, 협심증, 심근경색이 생기기 쉬워요.

- 카페인 섭취가 안 되면 금단 증상이 생겨 집중이 안 되고 불안해지며, 몸에 활력이 떨어져요.

- 카페인을 많이 먹으면 신경이 과민해지고 머리가 아프거나 환각·환청까지 생길 수 있어요.

일일 카페인 섭취 제한량

- 카페인 중독은 건강에 독이 되어요.
  우리나라 식약처는 하루에 먹어도 되는 카페인의 양을 제한하고 있어요.

성인 : 하루 400밀리그램 이하
어린이·청소년 : 몸무게 1킬로그램 당 2.5밀리그램 이하

카페인 중독 예방법

- 목이 마를 때는 되도록 물을 마셔요.
  우리 몸을 맑은 물이 정화해 준다고
  상상하면 도움이 되어요.

도움이 되는 사이트

- 식품의약품안전처 www.mfds.go.kr
  식품안전정보원 www.foodinfo.or.kr
  식품안전나라 www.foodsafetykorea.go.kr

사이버 중독

인터넷을 통해 우리는 필요한 정보를 쉽게 찾을 수 있고,
다른 사람들과 언제 어디서든 대화할 수 있어요.
그런데 문제는 인터넷이 없으면 한시도 견딜 수 없는 사람이 많아지고 있다는 거예요.

사이버 중독의 종류

● 스크린 중독

컴퓨터나 스마트폰, 태블릿PC 등을 통해 눈으로 보는 영상에 중독되는 걸 스크린 중독이라고 해요. 스크린 중독은 심하면 체중 변화나 시력 손상 등 건강 문제를 불러와요. 또한, 심심한 것을 잠시도 참지 못하고, 차분히 생각하는 것도 점점 어려워져요.

● 게임 중독

상황이 빠르게 변하고 서로 경쟁하며 점수를 쌓는 게임은 쉽게 중독되는 특성이 있어요. 게임 중독에 빠지면 가상 세상에 집착하고 현실에 적응하기 힘들어져요.

● 에스엔에스(SNS, 소셜 네트워크 서비스) 중독

에스엔에스(SNS)에 지나치게 집착하면 중독에 이를 수 있어요. 댓글이나 좋아요 숫자에 신경이 쓰여 괜히 초조해지나요? 다른 사람의 게시물을 부러워하고, 열등감과 외로움을 느끼나요? 남에게 보여 주는 것에 집착하고 내면은 공허해져서 우울감과 불안감이 커져요.
또, 부정적인 마음으로 악성 댓글을 달면서 다른 사람을 공격하기도 해요.

사이버 중독의 위험성

● 블루 라이트(Blue light)에 노출

블루 라이트란 텔레비전이나 컴퓨터, 스마트폰에서 나오는 380~500나노미터 파장의 파란색 빛을 말해요. 블루 라이트는 수면 유도 호르몬인 멜라토닌이 생기는 것을 막아 푹 잘 수 없게 해요. 블루 라이트에 오래 노출되면 눈이 피로해지고, 안구 건조증이나 망막 손상이 생길 수 있어요.

● 디지털 격리 증후군(Digital Isolated Syndrome)

가상 세계에서의 만남이나 대화는 거부감이 없지만 현실 세계에서 직접 만나거나 통화하는 것은 불편하게 느끼는 현상이에요. 이러한 증상이 심해지면 인간관계가 어려워질 수 있어요.

- **팝콘 브레인(Popcorn brain)**

인터넷에서 빠르게 흘러가고 튀어나오는 정보에 뇌가 익숙해지다 보니, 현실 세계의 자극에 무감각해지고 주의력이 떨어지게 되는 현상이에요. 감정 처리, 주의력, 의사 결정에 관여하는 뇌 기능이 저하되기 때문에 우울증에 빠지기 쉬워요.

- **선정성과 폭력성에 노출**

인터넷은 시각적 자극을 통해 정보를 전달하기 때문에 선정적·폭력적인 상황에 노출될 위험이 커요. 성에 대해 왜곡된 지식을 가지게 되거나, 심리적인 충격을 받을 수 있어 정신 건강에 좋지 않지요. 또, 폭력적인 게임 내용에 익숙해지고, 대화창에 욕설을 쓰다 보면 정서 발달과 인성에 나쁜 영향을 미쳐요.

도박 중독

도박은 중독성이 강해 한번 중독되면 끊기 어렵고,
자신은 물론 다른 사람에게까지 악영향을 줘요.
도박은 처음부터 아예 시작하지 않는 것이 가장 좋은 치료법이에요.

도박 중독의 위험성

- 도박을 못 하게 되면 안절부절못하고 과민해지는 금단 증상을 느껴요.

- 원하는 결과를 얻으려고 도박에 더 많은 돈을 쓰게 되어요.

- 잘못된 것을 알면서도 멈추지 못하고, 잃은 돈을 만회하려고 또 도박을 해요.

- 경제 상황, 주변 사람들과의 관계, 몸과 정신 건강 모두 악화되어요.

도박의 사회적 문제

- 늘어나는 인터넷 불법 도박으로 게임에 익숙한 청소년들의 피해가 커지고 있어요.

- 정부의 허가를 받은 카지노, 경륜, 경마, 복권 역시 중독될 경우 큰 피해를 가져와요.

- 도박은 건전한 노동의 가치를 떨어뜨리고, 비정상적인 경제 흐름을 가져와요.

도움받을 수 있는 곳

- 한국도박문제관리센터 www.kcgp.or.kr, 국번 없이 1336
  강원랜드 중독관리센터 klacc.high1.com, 080-7575-545
  한국마사회 유캔센터 www.kra.co.kr/ucan, 080-815-1190
  한국단도박모임 www.dandobak.co.kr, 02-521-2141

불법 도박 신고

- 사행산업통합감독위원회 불법사행산업 감시신고센터
  singo.ngcc.go.kr, 1855-0112

| 일상이의 메모 | 나도 스마트폰 중독일까? |

스스로 얼마나 건강하게 스마트폰 사용을 하고 있는지 함께 체크를 해 볼까요? 다른 중독이 걱정인 경우에는 괄호 안에 스마트폰 대신 그것을 넣어서 체크해 봐요. 다음 표를 보고 자신에게 해당되는 곳에 동그라미 표시를 하세요.

항목	전혀 그렇지 않다. (1점)	그렇지 않다. (2점)	그렇다. (3점)	매우 그렇다. (4점)
(스마트폰) 사용 시간을 줄이려고 할 때마다 실패한다.				
(스마트폰) 사용 시간을 조절하는 것이 어렵다.				
(스마트폰)이 옆에 있으면 다른 일에 집중하기 어렵다.				
(스마트폰) 생각이 머리에서 떠나지 않는다.				
(스마트폰)을 사용하고 싶은 충동을 강하게 느낀다.				
(스마트폰) 사용 때문에 건강에 문제가 생긴 적이 있다.				
(스마트폰) 사용 때문에 가족과 심하게 다툰 적이 있다.				
(스마트폰) 사용 때문에 친구나 학교에서 심한 갈등이 생긴 적이 있다.				
(스마트폰) 사용 때문에 학업이나 숙제하는 데 어려움이 있다.				

자신의 점수를 모두 더해 보세요.
모두 더한 점수와 아래를 비교해 보면 현재 내 상황을 알 수 있어요.

- **31점 이상**

위험해요!
스마트폰에 너무 의존하고 있어요.
부모님이나 선생님, 의사, 전문가 등
주위에 도움을 요청하세요.

- **23~30점**

아직 괜찮아요!
하지만 스마트폰에 의존하는
정도가 점점 심해지고 있어요.
오늘부터 스마트폰 사용을
조금씩 줄이는 게 좋아요.

- **22점 이하**

아주 잘하고 있어요!
건강한 스마트폰 사용을 위해
앞으로도 지금처럼만 노력해 주세요.

관계 중독

사람 사이의 관계도 중독이 되어요. 다른 사람과의 관계에 심하게 의존하고 집착하는 상태를 '관계 중독'이라고 해요. 다음은 관계 중독의 대표적인 증상이에요.

- 친구들과 떨어져 있으면 불안하고 혼자 있기 힘들다.
- 다른 사람의 반응과 인정에 과도하게 집착하고 신경 쓴다.
- 다른 사람이 내 마음대로 안 되면 짜증이 나고 화가 난다.
- 나는 가치 있는 사람이 아니라고 생각되고 마음속이 텅 빈 것 같다.
- 다른 사람이 화가 나 있으면 나 때문일까 봐 걱정된다.
- 다른 사람의 부탁을 거절하기가 어렵다.
- 다른 사람이 어떻게 반응할지 걱정이 되어서 감정을 솔직하게 표현하지 못한다.

관계 중독에 대처하는 법

● 내 마음 들여다보기

관계 중독은 건강한 인간관계를 망치고, 자신을 잃어버리고 불행하게 만들어요. 관계 중독에서 빠져나오기 위해서는 우선 내 마음을 잘 관찰해요.

● 자신을 존중해 주기

다른 사람 생각만 하지 말고 나의 감정도 고려해요. 내 장점을 기억하고 스스로 칭찬해 주고 위로해 주세요. 나 자신을 스스로 존중하는 자존감을 키워 나가요.

● 건강한 경계 만들기

누구나 나와 같은 생각을 하고, 같은 감정을 느끼지 않아요. 사람들의 선택을 존중해 주고, 나의 생각을 강요하지 마세요. 들어주기 힘든 부탁은 "미안하지만, 들어줄 수 없어요."라고 거절해요.

그 밖의 중독

함께 살펴본 중독 외에도 주의해야 할 중독에는
어떤 것들이 있는지 함께 살펴보아요.

● 쇼핑 중독

경제적으로 감당할 수 없을 정도로 쇼핑을 자주 하면 중독이라고 보아요.
쇼핑 중독을 치료하려면 마음속의 허전함과 우울감을 먼저 해결해야 해요.
용돈 기입장을 통해 수입과 지출을 관리하면 좋아요.

● 성(性) 중독

성 관련 행동을 지나치게 반복하면서 본인이 제어할 수 없을 정도가 되면 중독으로 보아요.
성 중독은 불법 촬영, 성추행 등의 성범죄로 이어질 수 있어요.
성에 대한 올바른 인식을 세우기 위해 성교육을 받는 것이 도움이 되고,
다른 취미나 관심사를 찾아 성에 대한 관심을 분산시키는 것도 좋아요.
숨이 찰 정도로 몸을 쓰는 운동을 통해 에너지를 발산하는 것도 추천해요.

● 도움 받을 수 있는 곳

아하! 서울시립청소년성문화센터
www.ahacenter.kr

중독의 치료

중독 치료는 중독 행동을 끊고 건강하고 행복하게 잘살 수 있도록 노력하는 모든 과정을 말해요. 중독에서 벗어나 건강해지는 방법을 알아봐요.

생각 바꾸기

중독 치료는 생각을 바꾸는 것부터 시작해 봐요.

- **'잘살 거야!' 결심하기**
생각을 바꾸는 것은 중독 치료에서 가장 중요한 단계예요. 내 마음에 부정적인 압박을 주기보다 긍정적인 결심을 하는 게 좋아요.

- **부정적인 마음 경계하기**
우울감이나 불안감은 중독 행동을 하게 만드는 주요 원인이에요. 부정적인 마음이 우리를 지배하게 두지 마세요.

행복 목록 만들기

왼쪽에 적힌 일들을 많이 할수록 나는 더 건강하게 잘살게 되는 거예요.
오른쪽에 적힌 일들은 가능하면 줄이도록 노력해 보아요.

- 어떤 행동을 할 때 어느 쪽의 행동인지 잘 모르겠을 때에는
  '이게 내가 잘사는 데 도움이 될까?'라고 스스로 질문해 보세요.
  잘사는 데 도움이 된다면 하고, 도움이 되지 않으면 하지 않는게 좋아요.

감정 관찰하기

중독 행동을 하기 전과 하는 과정, 그리고 한 후의 감정에 대해 적어 보세요.
객관적으로 자신을 바라볼 수 있으면 빠져나오기도 쉬워져요.

중독 행동
컴퓨터 게임을 너무 많이 한다.

게임 전
- 게임을 하고 싶어서 마음이 조급해진다.
- 당장 못 하니까 화가 난다.
- 기분이 좋지 않다.

게임 중
- 게임을 하면 신이 난다.
- 기분이 좋다.
- 소리를 지른다.

게임 후
- 내 자신이 미워진다.
- 마음이 허전하다.

행동 바꾸기

중독에서 벗어나기 위해 실천해 봐요.

● **중독 대상 없는 곳에서 생활하기**
중독 대상이 눈에 보이지 않도록 주변을 정리해요. 뇌의 습관적 반응을 피하기 위해서 환경을 바꿔요.

● **건강한 뇌 회로 사용하기**
중독을 일으키는 뇌 버튼 대신 좋은 활동을 하면서 건강한 즐거움을 주는 뇌 회로를 사용해요.

● **운동하기**
금단 증상으로 괴로울 땐 무조건 참기보다 운동을 하세요.

● 다른 즐거운 활동 찾기

나를 즐겁게 만드는 활동을 찾아봐요.
내가 좋아하는 취미 목록을
만들어 보는 것도 좋아요.

● 몸을 움직여 감각 살리기

중독은 '정신'적인 문제이면서
동시에 '몸'의 문제예요.
바른 자세와 적절한 운동으로
안 쓰는 감각을 깨워 주세요.
산책은 자연에 대한 감각이
깨어나게 하는 좋은 활동이에요.

나를 돕는 힘 기억하기

중독에서 벗어나는 힘은 내 안에 있어요.

- **나를 돕는 힘이 있다고 믿기**

항상 나를 좋은 길로 이끄는 큰 힘이
내 안에 있다는 것을 기억하세요.
내가 가진 힘으로 작은 성공을
거듭해 나간다면, 중독 문제를
해결할 수 있는 힘도 점점 더 커질 거예요.

- **중독 행위 중이라도 자각하기**

중독 행위를 하는 중이라도
나를 돕는 힘에게 도움을 요청해 보세요.
정신없이 중독 행동으로 빠져드는 것을
막아 주고, 객관적으로 자신을 바라볼 수
있어서 중독 행동을 줄일 수 있어요.

도움 요청하기

중독을 치료하는 데는 스스로 의지를 갖고 실천하는 게 가장 중요하지만
혼자만의 힘으로 중독에서 벗어나는 것이 어려울 때는 전문가의 도움이 필요해요.

- 힘들고 괴로울 때는 부모님이나 선생님, 정신건강의학과 의사 선생님, 상담 선생님에게 도움을 요청하세요. 주변의 도움을 받아 환경을 변화시키고 심리 치료, 적절한 약물 치료를 적극적으로 받으면 더 빨리 중독에서 벗어날 수 있어요.

도움이 많이 되었나요? 어떻게 하면 부정적이고 파괴적인 마음에서 벗어나 중독 행동에 빠지지 않고 자신을 지킬 수 있는지 배우는 시간이 되었길 바랍니다. 그깟 단순한 쾌락을 좇기에 여러분은 너무나 귀한 몸과 마음을 가진 사람이에요. 어떤 유혹이 다가와도 올바른 선택을 할 수 있는 능력이 바로 여러분 안에 있답니다!

중독 안전 체크 리스트

여러분이 얼마나 건강하게 잘 생활하고 있는지 한번 알아볼까요?
문항 한 개당 5점씩, 모두 체크하면 100점을 받을 수 있어요.
체크하지 못한 항목이 있다면 지금부터라도 잘 지킬 수 있도록 노력해요.

행복을 빼앗아 가는 중독 행동을 하지 않아요	☐ 좋아하는 활동도 지나치게 하지 않고, 쉬는 시간을 가지면서 해요. ☐ 어떤 행동이든 경제적으로 감당이 안 될 때까지는 하지 않아요. ☐ 아무리 좋아하는 활동이라도 몸에 무리가 갈 때까지는 하지 않아요. ☐ 스마트폰을 걸으면서 하거나, 밤늦게까지 사용하지 않아요. ☐ 중독의 나쁜 결과에 대해 알고 있어요. ☐ 위험한 중독 행동을 하는 친구들과 거리를 두고 있어요. ☐ 예방이 가장 좋은 중독 치료라는 걸 알고 있어요. ☐ 중독에 빠질 수 있는 활동이나 물건을 눈에 보이지 않게 치워 뒀어요. ☐ 나에게 닥친 문제나, 부정적인 감정을 외면하지 않고 해결하려고 노력해요. ☐ 혼자서 힘들 때면 도움을 청할 어른이나 병원을 미리 알아 뒀어요.
중독에 빠지지 않을 힘을 길러요	☐ 내가 소중한 사람이고 내 몸이 소중하다는 것을 알고 있어요. ☐ 잘살아가겠다는 마음과 다른 사람들도 잘살게 도와주겠다는 마음을 키워 나가고 있어요. ☐ 내가 느끼는 감정(허전함, 서운함, 슬픔, 즐거움 등)을 말이나 글로 표현할 수 있어요. ☐ 나를 잘살게 도와주는 큰 힘이 있다는 걸 알고 있어요. ☐ 좋아하는 활동을 건강하게 즐기면서 감사한 마음을 가져요. ☐ 바른 자세로 앉고, 바른 자세로 걸으려고 노력해요. ☐ 크게 숨을 쉬면서 스트레칭 하는 시간을 자주 갖고 있어요. ☐ 걷고 달리고 뛰는 운동을 규칙적으로 해요. ☐ 자연을 느끼는 시간(꽃 내음 맡기, 나무 만지기, 하늘 바라보기)을 가져요. ☐ 심하게 피곤해지기 전에 잠자리에 들고 규칙적으로 일어나는 생활을 해요.

● 가족 여러분께 ●

중독에 빠지지 않게 하는 '자기 조절력'은 크고 작은 경험과 실수를 통해 생겨납니다.

아이들 스스로 자신의 삶을 건강하게 즐기고 조절할 수 있게 도와주세요.

우리 아이들에게는 이미 '잘살아 갈 건강한 힘'이 있습니다.

보호자의 역할은 이 건강한 힘을 북돋아서 더 크게 키우는 것입니다.

아이들이 삶의 기쁨을 중독 대상에서 찾지 않도록, 온몸으로 느낄 수 있는 활동을 하게 해 주세요.

아파트 단지 안의 작은 나무라도 직접 만져 보고, 계절이 지나갈 때 어떻게 변하는지

바라보게 해 주세요. 사람들과 서로 바라보면서 웃는 기쁨을 알게 해 주세요.

눈과 귀와 몸이 열려 있는 아이들이 건강하게 자랍니다.

부모인 나부터 지나치게 욕심내고 무언가에 중독되어 있지는 않은지 살펴 주세요.

아이들은 부모에게서 배웁니다.

마지막으로 일상 속에서 기억해야 할 중요한 중독 안전 생활 태도 10가지를

자녀와 함께 큰 목소리로 읽어 보세요.

---

① 건강하고 밝은 마음을 가지려고 노력해요.
② 나도 중독에 빠질 수 있음을 명심하고 늘 조심해요.
③ 소중한 나의 몸을 위해 유해 물질 덩어리인 담배는 피하기로 해요.
④ 뇌에 좋지 않은 알코올은 가까이 하지 않아요.
⑤ 마약 중독이 얼마나 무서운지 잘 알아 두어요.
⑥ 코코아나 에너지 음료에도 카페인이 있으니 조심해요.
⑦ 컴퓨터와 스마트폰 사용 시간을 줄여요.
⑧ 관계 중독에 빠지지 않도록 나를 존중하고 사랑해요.
⑨ 바른 자세로 걷고 운동을 하면서 몸을 건강하게 해요.
⑩ 중독이 의심되면 부모님이나 의사 선생님에게 꼭 도움을 받아요.

● 작가 소개

손성은 글

정신건강의학과 전문의로 삼성서울병원과 국립서울병원에서 일했습니다. 지금은 '생각과느낌 소아청소년 성인 몸마음클리닉'에서 아이들과 부모님의 마음을 함께 풀어 주고 있습니다. 어린이 잡지 《고래가 그랬어》의 〈고민 많은 부모에게〉 코너를 오랫동안 연재했고, EBS 〈부모〉와 KBS 〈공부가 재미있다〉 등의 프로그램을 통해 사람들과 마음을 나누어 왔습니다. 저서로는 《마음이 아파서 그런 거예요》 《충분한 부모》 《다들 엄마랑 대화가 통해?》 《한국의 명의 40》 《몸과 마음을 살리는 치유 상담의 비밀》 등이 있고, 역서로는 《스티커는 이제 그만!》 등이 있습니다.

지현이 그림

케이툰에서 '현이 씨의 즐거우리 우리네 인생'을 연재했고, 이를 묶어 단행본 《즐거우리 우리네 인생》(1~2)을 출간했습니다. 그린 책으로 《주객전도》가 있으며, 만화가이자 캐릭터 상품 제작자, 일러스트레이터로 활발한 활동을 이어 가는 중입니다.

안전 생활 지침서

중독

초판 1쇄 발행 2019년 11월 11일

글 손성은
그림 지현이

펴 낸 이 한혁수
총　　괄 모계영
편 집 장 이은아
책임편집 조정우
편　　집 민가진, 한지영
디 자 인 강미서
마 케 팅 구혜지, 한소정

펴낸곳 도서출판 다림
등　록 1997. 8. 1. 제1-2209호
주　소 07228 서울시 영등포구 영신로 220 KnK 디지털타워 1102호
전　화 (02) 538-2913　팩　스 (02) 563-7739
블로그 blog.naver.com/darimbooks
다림 카페 cafe.naver.com/darimbooks
전자 우편 darimbooks@hanmail.net

글 ⓒ 손성은, 2019

ISBN 978-89-6177-210-5 (77510)

※이 책 내용의 일부 또는 전부를 사용하려면 반드시 저작권자와 도서출판 다림의 서면 동의를 받아야 합니다.
※책값은 뒤표지에 있습니다.

이 도서의 국립중앙도서관 출판예정도서목록(CIP)은 서지정보유통지원시스템 홈페이지(http://seoji.nl.go.kr)와 국가자료종합목록시스템(http://www.nl.go.kr/kolisnet)에서 이용하실 수 있습니다. (CIP제어번호 : CIP2019041444)

 | 제품명: 안전 생활 지침서_중독 | 제조자명: 도서출판 다림 | 제조국명: 대한민국 | ⚠ 주 의
---|---|---|---|---
| 전화번호: 02-538-2913 | 주소: 서울시 영등포구 영신로 220 KnK 디지털타워 1102호 | | 아이들이 책을 입에 대거나
| 제조년월: 2019년 11월 11일 | 사용연령: 8세 이상 | | 모서리에 다치지 않게
| ※KC마크는 이 제품이 공통안전기준에 적합하였음을 의미합니다. | | | 주의하세요.